Wodans Adlers

naturmystische Gedichte 2012 – 2018

Wolf E. Matzker

Herstellung und Verlag: Books on Demand, Norderstedt
Gesammelte Gedichte: 2012 - 2017
ISBN: 978 3752 884913
Cover: Aquarell des Autors, Steinadler
Zeichen, S.3 Runen: Ar, Yr, Man und Kan kombiniert.

Wodans Adler

naturmystische Gedichte 2012 – 2018

Wolf E. Matzker

Anstelle eines Vorworts:
Wodan (Odin) steht für den naturverbundenen Menschen. Der Ad-
ler steht für den freien und unabhängigen Geist. Die vielfältigen
Zerstörungen der Natur sind eine negative Tatsache in heutiger
Zeit. Positiv sind jedoch die Feier des Naturschönen und die Vereh-
rung der ursprünglichen Natur. Darauf kommt es vor allem an!

Lena

ein junges
reines Mädchen
im Parkhaus ermordet

von einem jungen Mann
von primitiver Lust getrieben
einem Dämon der rohen Gewalt

wo war Gott, könnte man fragen
wo waren schützende Geister -
oder die Göttin des Lebens?

was immer wir fragen:
es antwortet keiner -
alles bleibt stumm

ist nur die Gesellschaft
krank und pervertiert
oder die Natur des Mannes?

warum gibt es solche Opfer?

Gott solle mit ihr gestorben sein
sagte jemand aber vielleicht
ist er schon lange tot

Die Kreuzigung

kein einmaliges Ereignis der Geschichte
sondern der Standard der Schlächter

unzählige Menschen wurden
ermordet aus Hass und Zorn

bis in die heutige Zeit die sich
so aufgeklärt und tolerant gibt

gekreuzigt werden die vielen Tiere
in ihren Ställen wo sie leben und sterben

gekreuzigt werden die Pflanzen
einzig gezüchtet für schnelle Dekoration

gekreuzigt werden die Kinder
die nur arbeiten und früh sterben

gekreuzigt werden die Ausgebeuteten
und Ausgegrenzten der Welt

unzählige Beispiele gibt es aber
immer sind es der Hass und die Gier

die Gier der Mächtigen und Reichen
und ihr Hass auf das was sie hindert

immer wird das Zarte und Sanfte
gekreuzigt und ans Holz genagelt

die Kreuzigung des Lammes
das war nicht einmal

das geschieht immer und überall
das ist dunkler Alltag solange

der Mensch beherrscht wird
von seinen süchtigen Dämonen

der Gier der Dummheit des Hasses
der Dogmen und Rechthaberei

solange schlägt er immer wieder
ans Kreuz den Unschuldigen

den Sanftmütigen den Schwachen
den Bescheidenen den Hilflosen

den Andersdenkenden

6.4.12

8

Was gesagt werden muss

was gesagt werden muss:
dass der Mensch seinen
Hass und seine Gier überwinden muss

was gesagt werden muss:
dass der Mensch seine
Ideologien und Muster überwinden muss

was gesagt werden muss:
dass der Mensch seinen
Geist endlich weiter entwickeln muss

was gesagt werden muss:
dass alle Systeme der Erde
gerade dies immer nur behindern

was gesagt werden muss:
dass jeder Einzelne
an Gefühlen und Geist arbeiten sollte

was gesagt werden muss:
dass es ohne intensive
Arbeit an sich selbst nicht geht

was gesagt werden muss:
dass man endlich das Böse lässt
und das Gute tut

6.4.12

Die Auferstehung

das andere lichte Sein des
Regenbogenkörpers

jenseits der Schwere und Schmerzen
des Lebens wie wir es kennen

spirituelle Meisterleistung
sagen die einen

Gnade und Geschenk
sagen die anderen

du kannst nachdenken
vielleicht hast du Erfahrungen

oder Eingebungen des Himmels
doch am Ende bleibt es

Geheimnis

8.4.12

Der unberührte Wald

manche Waldgebiete sind
nur noch Holzlager als wären
sie eine Abteilung des Baumarktes

ganz anders ist es
wenn ich sie besuche
die großen alten Buchen

die Gruppe der starken Baumwesen
lauter Persönlichkeiten aus dem
heiligen Reich der Pflanzen

dort bin ich Waldmensch
dort darf ich es sein
hätte Werther gesagt

und wirklich ist der
Waldmensch ein anderes Wesen
im Tempel der Natur

er spürt die Kraft der Erde
und das Element der
reinen Luft

20.4.12

Der verborgene Waldweg

es ist ein schmaler Weg
ein Spurweg für einen Waldläufer

wie ein Pfad der Tiere
durch unberührte Wildnis

er führt über die Bruchkante
des Gebirges der Urzeit

oft musst du dich bücken
und fast kriechen durch

den Tunnel des Buschwerks
aber dann bist du in der

anderen Zeit des Urwaldes
der magischen Buchen

am Waldrand wunderst du dich
über die Ungetüme des Urstromtales

sie stehen still nur ihr Kopf
mit den Stacheln dreht sich

sind es Tiere oder Pflanzen?
fangen sie was in der Luft?

du kehrst zurück ins Halbdunkel
auf den Traumpfad der Schlange

seit der Kindheit ist dir
alles vertraut

Mutter des Grünen Hügels

heilige Mutter des
wilden grünen Hügels

heilige Mutter des
hellblauen Himmels

der blaue Wiesensalbei
schmückt dein grünes Kleid

die zarten Gräser
wiegen sich im warmen Wind

der rote Milan schwebt
über die Büsche und dunklen Kiefern

weiß leuchten die Steine
aus dem Urmeer im Gras

die geheimnisvollen Mantren
der Hummeln summen im Ohr

heilige Mutter der
Schnecken und Füchse

heilige Mutter des
lindgrünen Hügels

20.5.12

13

Totengesicht

man macht Fotos vom ersten Gesicht
es ist normal für jeden

seltener macht man Fotos
vom letzten Gesicht des irdischen Weges

sein Gesicht ist still und erlöst
befreit vom Leiden des Lebens

kein Kampf oder Streit hat
seine Spuren ins Gesicht gezeichnet

alles ist friedlich
alles ist gut

als würde die zarte Abendsonne
scheinen auf seine Stirn

Gott hat seine Seele erlöst und
eine Hülle zurückgelassen

die nun zerfallen kann
wie eine rote Rosenblüte

denn das Wahre bleibt
im Himmel des Geistes

4.6.2012
für Hartmut (1939-2012)

Der Traum der Mauersegler

der dumme Igel
wollte die Teerstraße queren

nun liegt er tot und blutig
auf grauer Fahrbahn

die Straße gehört dem
jagenden Metall dem Tod

die Mauersegler fliegen
im blauen Himmelsraum

sie träumen schon
vom Flug in die Ferne

sie träumen vom
Kontinent der Urzeit

bald sind sie fort
immer nur kurz sind sie hier

das weite Meer der Luft:
Raum des freien Seins

der Igel bleibt liegen -
für die Krähen

Heiliger Abend

heilig ist sicher nicht
die Weihnachtsgans

heilig ist nicht der Weihnachtsbaum
der nächste Woche entsorgt wird

heilig sind nicht die tausend Dinge
oder das lange Gerede über alles und jedes

heilig ist auch nicht nur
ein schöner Traum einer anderen Welt

heilig ist eine bessere Welt
für die man brennen und leben muss

heilig ist ein anderes Sein
im Licht einer neuen Erfahrung

heilig ist der Strom der Weisheit
den du in der Stille erkennst

heilig sind Seine Augen
die dein Herz erleuchten

heilig ist ein Leben
im Lichte des Himmels

Lichtmess

endlich ist sie wieder da
die Sonne des blauen Himmels

endlich ist sie fortgeweht
die graue Decke der trüben Tage

endlich erreicht das warme Licht
das gelbe Gras des letzten Sommers

und leuchtet in den kahlen
Zweigen der Weißdornbüsche

die rosafarbenen Wolken
am Himmel des Westens

versprechen dir ganz vorsichtig
einen neuen Frühling

noch ist er kalt der Wind
die Berge von Wolken umhüllt

doch das Licht der Sonne
wandert auf heiligem Pfad

und ER wandert mit auf deinen
schmalen Pfaden über den Hügel

2.2.13

Pferdefleisch

ich weiß gar nicht
warum sich die Leute so aufregen

Pferdefleisch ist doch gut
wir haben doch schon immer
Pferdefleisch gegessen

und was in den Packungen ist
das ist doch eigentlich egal
wenn es schmeckt dann
ist doch eigentlich alles wurscht

und dass man den Verbrauchern
nicht alles sagen kann
das ist doch auch klar, oder?

wir leben doch in einer Marktwirtschaft
und da kann man nun einmal
dem Verbraucher nicht alles sagen
denn das würde die Geschäfte stören

und es gibt nun mal nichts Wichtigeres
als Geschäfte, oder?

also ich bin für Pferdefleisch
ist doch auch ein schönes, starkes Wort:
Pferdefleisch!

18.2.13

Buddha am heißen Sommertag

wenn wir uns hinsetzen
dann kommen wir voran

wenn wir schweigen
dann haben wir etwas zu sagen

wenn wir nichts tun
dann erfahren wir etwas

der stehende Protestler
in der Türkei zeigt es uns

ein aktuelles Beispiel
laut und deutlich

wenn wir still sind
wird der Kopf mal klar

wenn wir sitzen bleiben
sind wir draußen

und
kommen
voran

17.6.13

Buddhas Frieden

„meinen Frieden gebe ich euch"
sagte er zu ihnen, aber so einfach
geht es nicht

Kephas hatte ihn nicht verstanden
er hatte Hass im Herzen
und schlug mit dem Schwert

Obama schreit ins Mikrophon
die bekannten Floskeln
ohne innere Substanz

der Friede ist eine Blume
sie muss wachsen in dir
in deinem eigenen Geist

du musst sie pflegen
wie ein liebender Gärtner
und sie gießen täglich

mit dem Wasser
der Versenkung

mit dem Wasser
des Seins

20.6.13

Das wilde Meer

das Rauschen der wilden Wellen
ist schön und gefährlich

es zerstört die Insel
immer ein wenig weiter

die Wellen sie schlagen
an den Steinschutz der Menschen

sie wird verschwinden, deine Insel
denn es steigt der Spiegel des Meeres

und die wilden Winde des Himmels
werden zeigen ihre Kraft

das graue Meer ist eine Kali
das Geschaffene verschwindet

ewig ist nur das Rauschen
sonst nichts

4.7.13

Das traurige Mädchen

sie könnte springen
in den dunklen Graben

dann wäre es vorbei
das mühsame Leben

das nichts bringt
außer Plackerei im Moor

sie hat alles durchschaut
und ist doch erst zehn
sie hat alles durchschaut

sie glaubt nicht an die Märchen
sie glaubt nicht dem Pastor

das Moor ist eine dunkle Göttin
alles verschwindet in ihr

sie wird springen
eines Tages

4.7.13

Nichts mehr

hier ist nichts mehr
nur Dünen und Sand

der Ostanleger, aufgegeben,
vor Jahrzehnten schon

die Ostbarke ist nun
auch verschwunden

hier verschwindet alles
in der weiten Leere

hier ist nichts mehr
kein Schild, kein Zaun

hier weht der Wind
mit dem gelben Sand

Muscheln liegen hier
Steine und Federn

auch tote Möwen
und weiße Knochen

hier ist nichts mehr
nur der leere Horizont

19.8.2013

die Zeit anhalten

die Vergangenheit ist nicht wichtig
die Zukunft hat keine Bedeutung

das Meer bleibt das Meer
der Wind weht übers Wasser

das Kreuz auf der Düne
steht im Winde für immer

von der höchsten Düne
kannst du übers Meer schauen

über die Insel des Delphins
heute und immer

im Moment der grünen Stille
gibt es keine Zeit

dein Leben ist wie der
kurze Flug der Silbermöwe

dein Leben ist eine
kleine Welle des blauen Ozeans

ein Teil nur der Wolken
des ewigen Himmels

20.8.13

Himmelsbestattung

du kennst es aus Tibet
auf einer Anhöhe zerlegt man

den Körper des Toten und
überlässt ihn den Geiern

den Seglern des weiten
großen Himmelszeltes

wir scheinen die Toten
nur in Särgen und Urnen

unter Steinen zu ertragen,
auf dem Inselfriedhof

nur die tote Möwe
liegt einfach auf dem Sand

ihr Körper zerfällt
an der frischen Luft

das ist schön
weil es natürlich ist

so löst sie sich auf
im Kreislauf des

Lebens

Die Geister des Meeres

du kannst trommeln
du kannst singen

sie haben keine Namen
die wilden Geister des Meeres

du kannst sie fühlen
im Wind der Wellen

du kannst sie hören
im Schreien der Möwen

Wörter sind abgegriffen,
eine neue Sprache wäre gut

ein ganz andere,
neu erfundene Sprache

wie bei den Aborigines:
neue Wörter für neue Dinge

beim Trommeln
erfindest du neue Wörter

aber es versteht sie keiner
du kannst sie nicht aufschreiben

trommeln muss man selber
singen muss man selber

am Strand im Rauschen
des ewigen Meeres

das keine Zeiteinteilungen
kennt und keine Grenzen

die Geister sind wie
die Zeichen der fliegenden Möwen

am Himmel, wie die Rufe
der Austernfischer,

wie der rüttelnde Falke
über den Dünen

du musst singen
und tanzen mit dem Wind

die Geister des Meeres taugen nicht
für esoterische Geschäfte

sie taugen nicht für Vermarktung
nicht für die Ängstlichen

sie sind wild und unberechenbar
wie das Wetter und der Wind

du musst mit ihnen tanzen
du musst mit ihnen fliegen

trommeln musst du
singen musst du

nicht drinnen im Zimmer
sondern draußen in der Weite

draußen bei den Wellen
mit dem Wind im Gesicht

mit dem alten Rauschen
des Universums in den Ohren

wie ein alter Aborigine der
in der Traumzeit lebt

der nicht nur denkt oder schamanisch reist
sondern in der anderen Welt lebt

dein Zuhause ist der Raum der Geister
der Geister des Meeres des Windes

deine Seele sie jagt und fliegt
wie die Seeschwalben

in die Ferne der Weite
hinaus ins wilde Reich

des Windes

Mein Himmel

mein Himmel ist der grüne Hügel
und die leuchtenden Steine der Urzeit

mein Himmel ist der Gesang
der kleinen Vögel des Frühlings

das starke Grün der Kiefern
der heiligen Bäume des Windes

mein Himmel sind Leere und Stille
außerhalb der lauten Gegenwart

die Hasen verstehen ihn
und die wilden Rosenbüsche

mein Himmel braucht keine
menschlichen Wörter

denn er ist und bleibt
für immer sich gleich:

eine leuchtende Weite

Der neue Tempel

jetzt gibt es ihn, den
neuen Tempel in Schöppenstedt

den neuen Tempel von REWE
den Tempel der hunderttausend

Lebensmittel aus allen
Regionen der ganzen Welt

ein sakraler Ort für Weintrinker
Fleischesser, Gemüseesser

auch eine Ecke für Veganer?
ich weiß es nicht

die Natur ist so fern
die Berge der glücklichen Kühe

oder die Haselnussbäume
oder der braune Acker, auf dem

die Kartoffeln wachsen
alles so weit weg -

oder kommen all die
hunderttausend

Köstlichkeiten aus
einer großen Fabrik?

Sonnenwende

einst feierten wir
den Kreislauf der Sonne die Wende

auf dem Hügel der Kiefern und Eichen
am stillen Fluss der Elche

wie lange ist es her, mein Bruder?
wie lange, du Schwester des Windes?

sind es viertausend Jahre?
viel mehr Jahre, sagst du?

ich habe alles vergessen wie
die schweigenden grünen Steine

unsere Zeit ist lange vorbei
eine Zukunft haben wir nicht mehr

sie lieben nicht die Sonne
wie die Bienen und die Blumen

sie lieben den Mars den
roten Planeten des Todes

lass uns verschwinden zurück
in die stille Zeit der Steine

Mit dem Hügel ist der Gierenberg in Dötlingen gemeint,
dort liegt ein großer Sonnenwendstein.
Auch der letzte Zweizeiler bezieht sich auf die Gegend an der Hunte.

Bilanz 2014

Ziehen wir einmal Bilanz.
So wie ein Buchhalter:

Sind wir weitergekommen,
als Mensch und als Menschheit?

Haben wir eine friedlichere Welt?
Ist die Welt jetzt humaner?

Sind wir vorangekommen,
im Sozialen oder im Naturschutz?

Ist die Welt schöner geworden?
Ist die Welt heiler geworden?

Hat uns Jesus 2014 geheilt?
Hat uns Buddha 2014 erleuchtet?

Haben wir etwas gelernt im
Umgang mit anderen Menschen?

Wissen wir jetzt, wie
der Weg des Friedens aussieht?

Wie sieht die Bilanz aus?
Oder lassen wir es lieber

einfach sein?

Was sie nicht wollen

sie wollen kämpfen
gegen Extremismus und Intoleranz

sie wollen nicht ihren Geist schulen
ihr Bewusstsein entwickeln

sie wollen in alten Büchern lesen
Bibel, Koran oder wie es heißen mag

sie wollen keine Entwicklung
sie wollen keine neuen Wege

sie wollen debattieren, demonstrieren
sie wollen nicht meditieren

sie wollen kämpfen gegen das Böse
gegen die Anderen, die Fremden

sie suchen nicht das Gemeinsame
eine höhere Ebene der Einheit

sie bleiben alle lieber bei ihren
alten Schriften und Systemen

sie wollen nicht studieren
und den Geist bilden

sie wollen nicht lernen
und sich weiter
entwickeln

Novalis

Irgendwann sind sie wohl
alle nur vergessen:

die Geistesgrößen der
vergangenen Jahrhunderte.

Wer liest sie noch?
Wer orientiert sich an ihnen?

Wer kennt noch Jacob Böhme?
Meister Eckhart, selbst Hegel?

Oder gar Mechthild von Magdeburg,
Gott bewahre!

Manche berufen sich auf Ihn,
aber folgen ihm doch nicht nach.

Viele Werke stehen in Bibliotheken,
Material für Kopfmenschen.

Alles wird digitalisiert und
alles muss brauchbar sein,

für Spaß und Spiele.
Aber Poesie und Philosophie,

wen soll das interessieren?

Die Erde der Göttin

die Erde der Göttin
ist eine Erde des Lebens

befreit von den Parasiten und
der schwarzen Krake des Geldes

können sie aufatmen: die Wälder
die Gebirge und die Strände

Bären und Wölfe nehmen
ihre alten Pfade wieder auf

kein Seeadler wird erschlagen
von einem Windradmonster

und kein Fuchs vergiftet
von einem hassenden Jäger

das Meer und die Berge
die Wälder, die Flüsse, die Steppen

Mutter Erde hat ihre
eigene Kraft der Gestaltung

Vielfalt der Wesen
so ist ihr Sinn

jedes hat seinen Raum
seinen Ort im Ganzen

keines kann haben alles
für sich und nur für sich

fort muss er: der störende
Dummkopf, der Besessene

die Flüsse müssen fließen
nach eigenem Gesetz

die Wälder wachsen
nach eigenem, wilden Plan

die Meere atmen und strömen
ungehindert und frei

nicht der Mensch ist das Maß
die Erde ist es, die heilige Mutter

die Erde der Göttin
ist eine Erde des bunten Lebens

bunt wie die Fische im Korallenmeer
bunt wie der Papagei im Urwald

bunt wie die Blumen der Wiese
und die vielen kleinen Vögel

in vielen Farben entfaltet es sich
das Leben der Mutter

Tannen des Windes

sie stehen im Wind der immer weht
im wilden Wolkengetümmel des Himmels

im schnellen Sturme Odins
erkennst du blitzende Augen

sie wachsen nie hoch die Tannen
denn der Wind bricht ihre Kronen

Schnee und Eis im Winter
lassen erstarren die Kuppe des Berges

wo schlägt das Herz der Bäume?
im starken Wurzelgeflecht

verbunden mit Felsen und Erde
man sieht nur grüne Zweige

sie winken im Winde dir zu

Die zwei Tannen

sie würden gerne hoch wachsen
hinauf zum Himmel der Berge
aber Odins Windpeitsche
prügelt sie nieder
auch Natur kann sein
voller Gewalt und
unbarmherzig

sie leben an diesem Ort
dem ausgesetzten, ohne Schutz
seit Jahren besuche ich sie
die windschiefen Tannen
des Gipfels

Wer Deutschland zerstört

viele zerstören unser Land
nicht nur aggressiv auftretende Invasoren
aus fernen und fremden Ländern

all diese Vertreter von noch mehr chaotischer Vielfalt
sie zerstören Deutschland

Geschäftsleute die für ihre Profite alle betrügen
sie zerstören Deutschland

Eltern die ihren Kinder Smartphones statt gute Bücher geben
sie zerstören Deutschland

kinderlose Paare mit zwei oder mehr Hunden
sie zerstören Deutschland

Bauern die nur an ihre Gewinne denken und alles totspritzen
sie zerstören Deutschland

besessene Jäger die immer wieder Wölfe schießen
sie zerstören Deutschland

die Förster die aus dem Urwald eine Holzfabrik machen
sie zerstören Deutschland

all die unzähligen Tierfabriken im Land
sie zerstören Deutschland

all die Straßenbauer die immer neue Straßen bauen
sie zerstören Deutschland

die Erbauer von immer mehr Windkraftanlagen
sie zerstören Deutschland

Lehrer die nicht bilden sondern Spaßprogramme entwickeln

sie zerstören Deutschland

all die Lügner und Verdreher in den Medien
sie zerstören Deutschland

die Fernsehmacher mit ihren Spielshows und endlosen Krimis
sie zerstören Deutschland

so könnte man endlos weiterklagen
und es würde sich doch nichts ändern

solange man keine neue Ordnung findet
die sich an der Natur orientiert

am eigenen Land und Boden, der eigenen Sprache
und an Maß und Bescheidenheit

und nicht zu vergessen an den Geistern
der Natur zwischen Rhein und Donau

die schon Hölderlin feierte
in seinen vaterländischen Gesängen

denn wer sie vergisst seine Ahnen
wohin soll sie ihn führen die Zukunft?

Dezember 2015

Sie wollen das Klima retten

aber weiter pokern
und reden und reden
und tricksen und vertuschen
und lügen und betrügen

und immer wieder wollen
sie Geschäfte machen
bei denen sie gewinnen
und die meisten nur verlieren

und immer wollen sie
die Natur ausbeuten
und nichts geben zurück
und auf gar nichts verzichten

aber sie wollen das Klima retten
und weiter vertuschen
und weiter alles schön reden
und den anderen betrügen

denn das ist ihr Spiel
und Spielsüchtige
bleiben bei ihren Spielen
und können nicht umschalten

aber das gestörte Klima
das wollen sie jetzt retten
nur die Störung in den Köpfen
die ändern sie nicht

Jesus und Silvester

Was hat ER mit Silvester zu tun?

Wird er Böller zünden?
Wird er Sekt trinken?
Wird er alberne Witze erzählen?
Wird er Fernsehen schauen?
Wird er der Kanzlerin zuhören,
wenn sie ihre Floskeln wiederholt?

Wir können die Fragen stellen
und die Antwort wird meistens lauten:
Nein.

Wer war dieser Silvester?
hat er uns noch etwas zu sagen?
Hat dieser „Waldmann"
etwas mit dem Wald zu tun?

Nichts.
Es gibt hier keine Botschaft.

SEINE Botschaften waren andere.
Fressen und saufen, betrunken sein
und blödeln, das war nicht sein Weg.

Aber die Allzumenschlichen,
sie werden wieder kommen,
mit ihrem Allzumenschlichen,
weil sie sonst nichts haben.

Man könnte sein Wort
von den zwei Herren wandeln.

Rituale der Stille wären gut.
Das Schweigen im Wald erleben,

das wäre gut,
und eine Nacht der Stille,
der langen Stille,
des Innehaltens,
das wäre sehr gut.

Aber die Kinder des Bösen,
sie wollen toben und lärmen!

Und sie werden sagen, dass es
doch sein müsse, das bisschen Spaß.

Und ER würde sagen,
dass Gott nur in der Stille wohnt.

31.12.15

Epiphanias 2016

Und was feiern wir nun, heute,
an diesem kalten Tag im Januar?

Was sagen uns Sternsinger oder
Könige, die heilig sein sollen?

Vielleicht waren es Schamanen,
einer mit Gold aus Sibirien,

einer mit Räucherwerk aus Indien,
wo man gerne und viel räuchert,

und ein dritter mit einer Heilpflanze,
vielleicht aus dem Land der Wälder.

Nichts Genaues weiß man nicht,
und Deutungen gibt es viele.

Haben wir was zu feiern,
in einer Welt, die im Fieberwahn,

in Wut und Obsessionen
durchs All trudelt?

Wir könnten ja mal Klarheit feiern!
Den klaren, vernünftigen Geist.

Dann wäre Epiphanias das
Aufwachen aus dem Albtraum.

Die toten Pottwale von Wangerooge

da liegen sie nun die großen Tiere des Meeres
auf dem Sand des Ostens

wo ich meine Rituale machte
für das Meer und die Rückkehr der Reinheit

sie sollen falsch abgebogen sein
in das flache Wasser der Nordsee

falsch sind die Störungen des Menschen
die zu vielen Bohrinseln im Norden

die Containerdrachen aus China
und die wachsenden Windparks

die Leute laufen herbei
machen viele Fotos und posieren herum

betet jemand für die Pottwale?
ruft jemand an die Mutter des Meeres?

vieles ist gestört in Zeiten des Untergangs
das Sterben der Tiere – überall geschieht es

und auch die kleine Insel, sie stirbt
im steigenden Meer und in den Stürmen

alles ist gefallen
aus heiliger Ordnung der Erde

14.1.16

Winterlärchen am Elmrand

Sie stehen am Rand des Waldes,
warten auf den Frühling,
auf den Sommer - und warme Winde,
geduldig müssen sie warten,
wie auch der kreisende Bussard.

Wanderfalken

schöne Vögel,
stolz und kraftvoll,

aber sie töten die Tauben
im schnellen Flug
aus heiterem Himmel.

Die Natur hat immer
ihre zwei Seiten:
die dunkle, die helle.

überall hörst du die Motorsägen

überall töten sie Bäume

überall sind sie getrieben
von ihrem Hass auf die Natur

sie mögen es nicht das wilde Wachsen
und die dunklen, grünen Wälder

du suchst nach Heilung der Seele
in der Heide bei den Birken

den Bäumen des weißen Lichts
und den Kiefern der Urzeit

als es nur Gras gab und Sand
du verfolgst den kreisenden Bussard

oben am leuchtenden
Himmel

28.2.16

Wo sind die Toten?

Wo sind die Toten,
nach zehn Jahren oder hundert?

Wo ist die Mutter, wo der Vater?
Was nützen Gräber und Gedanken?

Was nützt die religiöse, endlose
Wiederholungsschleife

mit den immer gleichen Floskeln
und den alten Anrufungen?

Es hört doch keiner,
es reagiert doch keiner!

Es geschieht doch gar nichts,
es ändert sich doch nichts!

Wo sind die Ahnen und das
heilige Land der Heimat?

Alle gestorben und die Asche
hat längst der Wind verweht.

Und Heimat suchst Du vergebens
zwischen Aldi und Windrädern.

Wir leben unter dem
schwarzen Stern
des Verschwindens.

Willa Matzker
20.2.1925

Der Osterhase spricht

ich will nicht sein
der Letzte meiner Art

hier bei diesem alten
Gipfel der Visionen

die Felder sind zu groß
zu leer und ohne Verstecke

wo finde ich gute Kräuter?
und wo eine stille Kuhle?

die Jäger sie schießen
und viele finden den Tod

auf grauen Straßen
die durchschneiden das Land

ich will nicht sein
der Letzte meiner Art

besuche mich in
diesen wilden Hügeln
des Lichts

Traum von Russland

es geht um einfache Spiritualität
der Erde und des Himmels

es geht nicht um richtige Wege
oder um den rechten Glauben

es geht um den eigenen Weg
an der Grenze der Welt

es geht um die Sehnsucht
nach dem Himmel

nach dem Licht
das keinen Namen braucht

es geht um die Versenkung
in stiller leerer Landschaft

und den klaren Blick in die Ferne
über den Tod hinaus

es geht um die Abkehr
von der Welt, die nur Tand ist

Tand Tand ist das Werk von Menschenhand

es geht um ein anderes Sein
auf heiliger Erde

pilgernde Frau
in russischer Weite

nach einem Gemälde
von Isaak Lewitan

sie ist schon lange tot
schon lange verschwunden

niemand kennt ihr Schicksal
niemand ihren schweren Weg

die weiße Kirche am Horizont
vielleicht zerschossen von Panzern
vielleicht zerfallen

es bleiben nur
die geistigen Wege
die Spuren des
blutenden Herzens

und das Lied des Windes
das ewige Land

Olymp, Berg der Götter

heiliger Berg der Griechen
Wohnung der alten Götter

nicht einer nur, sondern
eine Familie von Männern und Frauen

menschlich verständlich
und doch fern dem irdischen Geschehen

das Göttliche vielfältig zu
empfinden und denken

ist europäischer Sinn
ist germanisch-nordischer Sinn

denn die Natur, die Allumfassende,
kennt viele Wesen und Kräfte

des Dunklen und Hellen
der Tiefen und Höhen der Erde

der Olymp eine hohe Bergkette
die Götter sind Kinder wie alle

von Erde und Himmel
von Gaia und Uranos

wer den Olymp liebt kann niemals
vergessen die Nymphen, die Musen

Die Trauernde

alt ist sie geworden
und so viele Tage sind verschwunden

ihr Bruder starb an der Ostfront
und ihr Sohn in Afghanistan

sinnlose Kriege und schwarze Tode
und der große Exzess der Wirtschaft

er frisst die Seelen der Männer
und die Frauen sind keine mehr

denn sie hüten nicht das Leben
die Kinder und die Bäume

nichts schlimmer als der Zerfall
der Abstieg einer Kultur

das Vergehen ist Teil des Lebens
das Sein ist das Vergehende

aber die alte Buche am Hang
sie hütet die grünen Geister

25.9.16

auf dem Hügel
eine junge Frau

entdeckt ihre Kraft
ihre Berufung
ihre Bestimmung

sie wird sich nichts sagen lassen
von keinem Rabbi
keinem Priester
keinem Iman

denn sie ist frei wie der blaue Himmel

sie wird sich nichts aufzwingen lassen
kein Kopftuch
keine High-Heels
kein Smartphone

denn sie hat eine biegsame Gerte

sie redet mit dem Wind und
sie versteht den kreisenden Milan

26.9.16

Schafe in Dötlingen

Schafe im Huntetal
bei den Steinen der Glaner Braut

sind sie noch aktuell,
die Metaphern von den Schafen?

"der Herr ist mein Hirte"
"hüte meine Schafe!"

oder das verirrte Schaf
das auch zur Herde gehört?

wir sind so weit fort
in den Städten und Einkaufszentren

so unendlich weit und verwirrt
in künstlichen Welten

nah an der Erde sein
nah bei der Mutter, der Erde,

sind die Tiere, die Schafe
aber ich bin kein Schäfer

auch kein Hütehund
nur ein *Walking Wolf*

auf alten Pfaden im
Land der Steinzeit

21.10.16

Ratatosk

das flinke Hörnchen
auf der Eiche rennt
wie der Blitz

oben links kreist er
der dunkle Vogel
mit den Krallen

aber der alte Stein
er ruht im Gras
schon immer

Elfe

du findest keine Elfe
im extravaganten Einkaufszentrum

nur tote Figuren
made in China

aber das sind keine Elfen
nur Massenware zum Verkauf

draußen auf steinigen Wegen
außerhalb der Stadt

auf schmalen windigen Wegen
unter alten Buchen und Fichten

da findest du sie
die grüne Elfe

sogar ihr Schloss kannst du finden
mit offenem Herzen
und suchendem Sinn

Abendstimmung überm Vision Hill

wo sich der Fuchs und der Hase
Gute Nacht sagen
nur, es gibt kaum noch Hasen

so sagt sich der letzte Fuchs
selbst ein Gute Nacht

aber gleich wendet er
und läuft schnell davon
weil, ich bin ein Mensch

am Horizont die Brockenkette
am Himmel ein weißer Stern

in den kahlen Büschen
flüstern blaue Geister

hörst du sie, Georg?

Anmerkung; mit Georg ist der Dichter Georg Trakl gemeint.

30.11.16

Der Elch

kommt zurück
mit schnellem Schritt

er kommt weit aus dem Osten
wo einst unser Land

er kommt zurück
und bringt uns

Weite und Leere
der Landschaft

die Idee echter Freiheit
jenseits der Zäune

11.12.16

Der letzte Bär

wurde 1650 in Niedersachsen erschossen
zwischen Celle und Uelzen.

Sollte er mal zurückkehren, der Bär?
Könnten wir ihm einen Platz einräumen?

In diesem Land der Schweinemastbetriebe,
der Hühnerfarmen und der Maisfelder für Biogas?

Wo sollte er leben, der Bär,
zwischen endlosen Eigenheimsiedlungen
und gigantischen Gewerbegebieten,
zwischen den vielen Autobahnen
und den Freizeitparks der Spaßgesellschaft?

Der Bär hätte keine Chance,
und wer mag schon Bären,

außer als Teddy zum Kuscheln.

12.12.16

Das Gesetz der Natur

Leben ernährt sich von Leben
der Bär frisst den toten Elch

die Wölfe jagen und töten den Elch
den Rest holen sich Raben

wir mögen dagegen sein
aber das interessiert die Natur nicht

wir Menschen sind auch nur Leben
für anderes, späteres Leben

am Ende sind wir totes Fleisch
eher verseucht als gesund

wir mögen uns wähnen
an der Spitze der Nahrungskette

aber die Mikroben
sie werden uns fressen

zynisch?, menschenverachtend?
nur realistisch, sonst nichts

Leben ernährt sich von Leben
so will es die Erde, so will es

Mutter Natur

archaische Szene

am letzten Vollmond des Jahres
fand er einen toten Elch

auf der leeren Ebene
in den grünen Bergen

das Jahr war wieder vorbei,
verschwunden im Nichts

das Fleisch würde reichen
für seine kleine Gruppe

der Tod bringt neues Leben,
aber das Leiden der Tiere

und das viele Leiden,
es würde bleiben für immer

das Licht des Mondes
war sanft und still

14.12.16

Krafttier Elch

sie hatten ihre Tiere der Kraft
des Sinns und der Bedeutung

die alten Schamanen im Harz
in der Heide und am Meer

der Elch war ein Hüter
der endlosen Wälder

mit dunklen Seen und Bächen
und Flächen der großen Leere

sein kleiner Bruder der Hirsch
schon lange ist er nur ein Braten

oder eine Trophäe an der Wand
für moderne Jägerillusionen

der Elch ist Freiheit des Landes
denn nur im unberührten Raum

im Raum der Weite kann er leben

ein Wolf überblickt sein großes Gebiet

eine Wolfsfamilie, sie braucht
ein großes, freies Gebiet

einfachstes Biologiewissen
seltsamerweise kapiert's keiner

auch der Mensch braucht es
nicht nur ein Wohnkloh

Freiheit bedeutet Land
freies Land ohne Zäune

weiter leerer Raum
jede Innenwelt ist Ersatz

die Freiheit des Gauklers
ist nur ein alberner Scherz

über den kein Wolf lachen kann
er will freies, weites Land

31.12.16

Lasst sie doch endlich mal in Ruhe die Wälder!

lasst sie doch endlich mal in Ruhe
die Kiefernwälder der Heide

sie brauchen euch nicht
eure Kettensägen, eure Harvester

sie können für sich sein
Jahre, nein, Jahrtausende!

sie brauchen euch nicht
euren Zwang der Eingriffe

sie lieben die einsame Ruhe
die Stille der Steinzeit

ihr Sein sind die Zeiten des Jahres
und langsamer Wandel

4.2.17

Gestrandete Grindwale

Warum stranden sie, die Wale?
Warum schwimmen sie ins seichte Wasser?

Was hat sie verwirrt,
was hat sie getrieben aus dem Meer?

Die menschlichen Helfer,
Freunde der Wale, sind hilflos,

all ihr Bemühen bleibt vergeblich,
am Ende liegen die vielen Toten am Strand.

Vielleicht hat sie der Lärm verrückt gemacht,
oder das warme, zu warme Wasser,

und sie wollten aus dem Meer heraus,
den Menschen bringen die Botschaft.

Das Meer gehört ihnen, nicht uns,
alles haben sie verwirrt, die Menschen.

Vielleicht stürzen sich eines Tages
Menschen ins Meer, suchen den Tod,

weil sie den Wahn der Zivilisation
nicht mehr wollen ertragen,

die Fülle, die Massen, die Technik,
den Lärm und das endlose Streiten.

wann fliegt der erste

Zitronenfalter?

das ist die Frage
am öden Samstagnachmittag

wann blühen die
roten Stockrosen am Haus?

im Winter ruht das Leben
in dunkler Erde verborgen

und du fragst dich nur:
wann fliegt der erste

Zitronenfalter?

viele reden ja endlos über Trump und die Nato und die Anzahl der
Panzer in Estland und das Klima und den Schulz und das Geld und
die Zukunft des Euro und die Renten und den Trump und den Putin
und Israel immer Israel und den Terror und die Milchpreise und
den trockenen Winter und den Trump und die Trumpologie und so
weiter

wann fliegt er
der erste
Zitronenfalter?

Der Frühling ist jedes Jahr

ein neuer Frühling

die gelben Krokusse blühen
und die violetten aber

sie denken an keine Passion
sondern nur ans Blühen

die Vögel zwitschern wieder
bauen ihre Nester wie

jedes Jahr und der Mensch
sägt Bäume ab wie jedes Jahr

er kann nicht anders
der Frevler und die ERDE

die alles Erduldende sie
lässt ihn den Besessenen

die Knospen der Bäume und Rosen
sie warten noch auf die Sonne

14.3.17

Äquinoktium

Tag und Nacht sind gleich
halten sich die Waage

aber der Tag ist heute trüb
und der Himmel nur grau

unser Wissen hilft uns nicht
kühle Tage bleiben

die mathematische Zeit und
die andere Zeit des Fühlens

wir warten auf den Tag
an dem wir den Gleichstand spüren

und die kommenden Tage
des großen Entfaltens

20.3.17

Reinigung der Welt

man müsste die Welt reinigen
sie ist voller Gift und Müll

ein wüstes Haus
voller streitender Menschen

die nur halbintelligent sind
aber voller Zorn, Wut und Gier

man müsste die Welt einschläfern
oder sedieren, wie die Ärzte sagen

alles mal herunterfahren
Tage der Stille einführen

nein, Wochen, Monate
die Welt bräuchte ein Sabbat Jahr

das wilde wüste Feuer
des aggressiven Anthropozäns

wer kann es löschen?
das Zeitalter wird kurz sein, sehr kurz
das einfache Dasein mit den Steinen

es dauerte lange denn
Überleben war mühsam

ohne den wilden Wahn
der vielen Maschinen

stille Zeiten erlebst du
nachts

23.3.17, 4:13 Uhr

Osterhasen

ich sah einen auf dem Feld
also noch nicht ausgestorben

ob er gutes Futter findet
wo die Bauern jetzt alles spritzen?

im Dekoladen Depot sah ich
viele viele Osterhasen

aus Holz und Porzellan
in allen Größen und Formen

stilisierte Wesen geschaffen
von digitalisierten Maschinen

der Hase auf dem Feld
er hoppelte die Spur entlang

29.3.17

ach der Kuckuck

ich habe noch keinen gehört
ob er noch kommt?

oder sein Langstreckflug
in einem Netz endet?

oder er einfach verhungert
auf der langen Reise?

ach der Kuckuck
der kein Nest bauen mag

was ist bei ihm gestört?
wer könnte ihn therapieren?

was ist schief gelaufen
in seiner Kuckuckswelt?

ach der Kuckuck
nur sein Ruf ist schön

ob wir ihn bald
hören?

3.4.17

73

Mutter Gottes im Stein

eingeschlossen im großen Stein
des Westens hinterm Gitter

Steinkreis von Werpeloh
auch Pater Matthäus dachte wohl

es könne eine Versöhnung geben
zwischen dem Christlichen und

den archaischen Religionen
der Erde und des Himmels

aber die faschistischen Bauern
die Hüter der Hühner-KZ-Anlagen

beherrschen das Land
und die Mutter des Friedens

in einer Waldkapelle
eine schlecht gemachte Figur

wirkungslos wie alles
was nur hofft und nichts tut

Bezüge:
Steinkreis von Werpeloh
angelegt von Pater Matthäus 2002,
Waldkapelle westlich von Sögel,
am Rand eines militärischen Gebietes
erst 1984 errichtet

Mutter Gottes im Stein

eingeschlossen ist sie im großen Stein
des Westens hinterm Gitter

Steinkreis von Werpeloh
auch Pater Matthäus dachte wohl

es könne eine Verbindung geben
zwischen dem Christliche und

den archaischen Religionen
der Erde und des Himmels

aber die Bauern sind Herrenmenschen
sie keulen die Hühner, die Puten

ihre Ställe beherrschen das Land
und keine Steinkreise in denen

man betet zur Erde zur Mutter
zu den Geister der heiligen Natur

Das Sterben der Meere

kein Grieche kein Germane
hätte es sich einst vorstellen können
dass einmal ganze Meere sterben
denn zu ewig erschien es das Meer

doch heute sind viele Regionen leergefischt
gigantische Plastikmengen in den Ozeanen
sterbende Haie mit abgehackten Flossen
Delphine tödlich gefangen in Netzen

Korallen sterben im sauren Wasser
das immer schneller immer wärmer wird
Rückgang des Phytoplanktons und
damit weniger Nahrung für alle

und weniger Sauerstoff in der Luft
die Polkappen der Erde sie schmelzen
immer mehr immer schneller
der Blutkreislauf des Wassers stirbt

die Menschen sie reden und streiten
gefangen in ihren Süchten ihrer Gier
wie Parasiten haben sie die Erde befallen
ihr Untergang ist längst besiegelt

den Griechen den Germanen
war es einst heilig das Meer
denn dort war die Wiege des Lebens
und der Atem der Ewigkeit

19.4.2017

Das Heilige des Meeres

sucht einen neuen Mythos
vom heiligen Meer des Lebens!

die Griechen die Römer die Germanen
sie hatten ihre Zeit

im Zeitalter der Zerstörungen
müssen wir neue Wege gehen

das Meer reinigen vom Müll
es achten und verehren

den Delphinen und Walen
ihren weiten Ozean überlassen

auch den Krabben und Muscheln
und nichts mehr räubern

einfach nur achten und
den salzigen Atem des Meeres spüren

20.4.17

zum Todestag meiner Mutter, 21.4.2007

nun ist sie schon zehn Jahre fort
als wäre sie nie gewesen

ich habe keine Mail von drüben erhalten
und der seelische Kontakt war schwach

kommt mir nicht mit den Erinnerungen
oder den bunten Fotoalben

alles verschwindet am Ende
alles löst sich auf in der Leere

ein Rätsel bleibt das Verschwinden
darüber könnte Heidegger philosophieren

und es doch nicht lösen, das Rätsel -
warum verschwindet Seiendes

in der endlosen Leere?

20.4.17

78

Wir sind die Roboter

so sang es mal die Gruppe KRAFTWERK
vor vierzig Jahren

jetzt sind sie da die Roboter
und die Macher schwärmen herum

accessible flexible scalable
kids are going to be *robotic natives*

hätte auch gerne einen für die Hausarbeit
für das Putzen und Rasenmähen

wäre selbst gerne einer
Knochen und Fleisch sind kein Material

the mind could develop endlessly
let's erase all defects

let's eliminate all emotions
let's develop a perfect cyborg

und ich alter Neandertaler
laufe noch durch die Wälder

besteige die Berge und
bete zum Adler des Himmels

25.4.17
Anlass: Hannover Messe,
Entwicklung der Roboter für jedermann.
Das Lied von KRAFTWERK
kann man bei youtube hören.
Enjoy it!

79

Emotional commandments

don't get angry
don't be afraid

there is no reason to be angry
there is no reason to be afraid

anger, fear, sadness and hatred
are forbidden in BRAVE NEW WORLD

be like a robot always happy
always consuming and laughing

emotions are atavistic and obsolete
stone age people were afraid of animals

we destroyed them so
there is no reason to be afraid

angry people are nasty
sad people should take a pill

don't forget to take your pills
get rid of everything unpleasant

25.4.17

Novalis

2.5.1772
Wie lange es schon her ist?
Wer mag sich heute erinnern?

Geburtsdaten, Todesdaten der Ahnen
sind heute oft vergessen

man lebt seinsvergessen in
der lauten Gegenwart

man braucht keine Romantiker mehr
keine Träumer zarten Innenwelten

keine Fabel keinen Klingsohr
keine Sophie als Priesterin

keine Träumer einer
poetisierten und spiritualisierten Welt

wie er sie nannte
wie er sie wünschte

Strophe 4-6 beziehen sich direkt auf Novalis
wer Fabel verstehen will
muss Novalis gelesen haben
und wissen was *Intuition* ist

wer Klingsohr verstehen will
muss die *Magie* der Dichtkunst kennen
leben und erfahren

wer Sophie verstehen will
muss der *Weißen Göttin* begegnet sein
und an sie glauben

wer *Romantik* verstehen will
muss den alten Pfaden übers Land
und durchs Gebirge folgen

wer eine poetisierte und spiritualisierte Welt
erfahren will muss anders leben
in und mit der *Anderswelt*

man versteht nur
was man selber lebt
sonst bleiben es Worthülsen
tot und leer

Kuckuck in der Pappel

Im vergessenen Tal der
vier großen Pappeln und sieben Weiden

hörst du den Ruf des Kuckucks -
vielleicht der letzte seiner Art?

Du musst dein Wissen verdrängen,
vom Brutschmarotzer, und einfach

nur lauschen dem Ruf, dem markanten,
und träumen von alten Zeiten,

als die Welt noch stiller war,
und länger in sich ruhte.

16.5.17

Vollendung

Blumen wissen was Vollendung ist
sie kennen den Zeitpunkt und leben sie

Menschen denken und reden
zweifeln und zaudern so viel

Schönheit und leuchtende Farben
sind edle Ziele des Lebens

alles strebt zur Erleuchtung
und Buddha zeigte die Blüte

Menschen sind oft nur besessen
und rennen in Kreisen herum

was sagt uns die blaue Iris
oder die weiße Päonie der Tara?

was erkennen und fühlen
wir wirklich im Herzen?

29.5.17

auf der Hochrhön

Blick auf den Kreuzberg
am grünen Horizont

vom Heidelstein aus
eine Totengedenkstätte dort
vom Rhönclub e.V.

die Höhen sind weit
und leer, einzelne Bäume

irgendwo ruft ein Kuckuck
man sieht ihn nicht

man hört ihn nur
wo mag er sitzen?

die Steine schlafen
seit ewigen Zeiten

31.5.17

Vögel am frühen Morgen

nachts um vier Uhr im Dämmerlicht
lausche ich den Vögeln des Morgens,
im Hintergrund rauschen die Windräder,
der unheilvolle Klang der Maschinen

die Vögel sie wissen noch
wen sie begrüßen im neuen Licht,
aber die elektrischen Räder
haben keinen Gott des Himmels

wer ein waches Auge hat
kennt das Sterben der Tiere,
wann kommt sie nur
die wirkliche Wende?

Heidegger sprach oft von der Kehre:
„nur ein Gott kann uns retten",
wer dem Wirbel des Wahnsinns
ins böse Auge blickt weiß es

die Stimmen der Vögel am Morgen
sie rufen uns zart und freudig zu,
ihr Gesang ist ein heller Künder
einer neuen poetischen Zeit

7.6.17

Der Zustand der Meere

die Meere sind verdreckt
mit Plastik, AtomMüll und Granaten
gigantische Teppiche und
Milliarden von Partikeln

die Menschen reden und streiten
veranstalten große Konferenzen
in großen teuren Hotels
mit feinem Essen und Champagner

aber das bringt nichts
denn es verändert nicht das Handeln
Streiten, eine Krankheit des Menschen,
sein Ausweichen vor der Wende

Besessene sind kranke Wesen
sie müssen verschwinden
Parasiten sind sie, wie Pilze die alles
durchziehen und zersetzen

was ist geworden nur
aus dem heiligen Meer des Lebens?
was ist geworden nur
aus dem Atem des Seins?

wer kennt noch die Achtung des Meeres?
wer lebt sie mit ganzer Seele?
wann stehst du wieder am Meer
und betest zur Mutter, zu Sedna?

wann kommt er, der neue Morgen,
der reine und lichte?

10.6.17

Gefangen im Kirchenraum

als ich saß in meiner Bank
vernahm ich ein unruhiges Flattern

hoch oben am Nordfenster
ein Schmetterling, den Ausgang suchend

nichts konnte ich tun
nur geistig eine Botschaft senden

immer musste ich denken
an die arme, gefangene Kreatur

sie wird sterben und zur Erde fallen
wenn alle Energie verbraucht ist

aber später sah ich ihn flattern
zur Südseite, denn dort schien das Licht

möge er den Weg finden hinaus
durch das offene Fenster

20.8.17

Helgoland

einst vor Jahrtausenden
war hier weites Land

und der rote Felsen
ragte aus der Ebene empor

ein Kultberg der Menschen
die hier lebten, damals

ob sie zur Göttin HEL beteten?
wir wissen es nicht

wenn wir nicht sein wollen
Touristen nur für kurze Zeit

müssen wir unsere Wege suchen
helle Wege
und heilsame

30.8.17

ein Felsen im Meer

Wohnturm der Seevögel
am Rande der roten Insel

viele Menschen schauen
auf die Vögel von fern

jeder lebt in seiner Welt
die Menschen, die Vögel

eines Tages wird er zerbrechen
der letzte freie Felsen im Meer

wohin werden sie umziehen
die weißen Seevögel?

die Monster der Windparks
sind keine Option

vielleicht sollten die Betreiber
einen Wohnturm bauen

nur für die Seevögel

1.9.17

90

Albatros bei Helgoland

ein Albatros fliegt zu einem Felsen im Meer
er sucht einen Platz einen Ort der Freiheit

leer sollte er sein und hoch über dem Meer
geschützt vor Feinden und Frevlern

der rote Felsen im grünblauen Meer
er verspricht es, aber der Vogel der Meere

er war noch nicht dort, kennt nicht die Wahrheit
alles besetzt alles beherrscht – von Menschen

wo soll er landen in Ruhe und ungestört
auf dem grünen Dach des Meeres?

er wird wieder fortfliegen in die Ferne
bis er entkräftet ins Endlose fällt

7.9.17

Verschwundene Fichten

es standen große starke Fichten
neben dem magischen Weg

nun sind sie verschwunden
gefällt und fortgeschafft

das ergibt viel Holz
und die Kasse klingelt wieder

für ihren Geld-Gott
töten sie alles

die Holzfäller, die Förster
die Politiker, die Forstbeamten, alle

sie haben keinen Sinn für Schönheit
keinen Sinn für Magie

nur beim Geld leuchten ihre
bösen, blinzelnden Augen

wann enden sie nur, die Zerstörungen?
das wilde Wasser des Starkregens

hat den Weg ausgehöhlt
Zorn der Erde gegen die Frevler?

19.9.17

Mit dem Weg ist ein Wanderweg gemeint, der vom Tatternbruch südlich von Bad Harzburg Richtung Luisenbank und weiter zum Eckerstausee führt.

Fragen eines Wählers

Welche Partei will den Landverbrauch stoppen,
zugunsten der wilden Natur, der Wölfe und Bären?

Welche Partei will den Konsum reduzieren,
zugunsten einfacher und guter Dinge?

Welche Partei will den Autowahnsinn beenden,
für mehr Busse und Fahrräder?

Welche Partei versteht die Bäume
und lässt die Wälder endlich in Ruhe?

Welche Partei achtet *sacred sites*
und ist für deren Schutz?

Welche Partei will den Geist schulen
und von den Fixierungen befreien?

Welche Partei kennt *animals of power*,
und achtet endlich deren Leben?

Und so weiter, viele Fragen könnte man stellen,
aber die Wahnsinnigen haben die Macht.

Besessen von Dämonen tanzen sie
auf dem Luxusdeck ihrer Titanic.

Warum wütet ein Hurrikan?
Welcher Schamane kann einen Hurrikan stoppen?

20.9.17

Milder Herbsttag

Braun und gelb und rot,
so feiert die Natur den Herbst.

Die Kastanien leuchten im Gras
wie braune Edelsteine.

Unterm Baum, dem alten, gebrochenen,
sammelst du gelbe Äpfel ein.

Du atmest den Duft der
karmesinroten Rosen,

aber auch den Duft der
faulenden Äpfel im Gras.

Tagpfauenaugen und Admirale sitzen
auf violetten Asternbüschen,

sie trinken sonnigen Nektar
und flattern im milden Licht.

Auf sonniger, weißer Hauswand
ruhen sich viele aus.

Alles ist still und klar,
es beginnt die blaue Zeit der Ruhe.

21.9.17
In memoriam Georg Trakl.

Braune Erde

jetzt, im Herbst, sind die Felder wieder braun
frische braune Erde, aus der kommender Weizen wächst

Braun ist eine ruhige, stille Farbe
wie der Boden ist sie der Grund des Lebens

der Bär der Wälder ist braun und das Reh
aber auch die fallenden Blätter der Bäume

ich will nicht reden von Fanatikern
die in der bunten Stadt wohnen

schon Nietzsches Zarathustra
sprach von der bunten Kuh

sie kennen nicht die Ruhe des Landes
sie wissen nichts von der Kraft der Erde

sie haben keine Wurzeln mehr
wie der rotbraune Fuchs

oder der schnelle, hellbraune Hase
und der fliegende Bussard

23.9.17

Herbst und das Jahr

da macht ein Hauch mich
von Verfall erzittern

so dichtete Georg Trakl
aber der Verfall ist Teil des Kreises

der Herbst ist Teil der Ordnung des Jahres
das Ganze bilden Werden und Vergehen

Samen fallen auf braune Erde
im nächsten Jahr kommt das Korn

schön ist das Vergehen
Bereitung des Neuen

26.9.17

für einen toten Bussard

heute fand ich einen neben der Straße
zwischen Uehrde und Semmenstedt

immer der kleine Stich im Herzen
und die Trauer über den toten Körper

zu Ende und fort ist sein Leben
die schnellen, schnellen Autos

Krähen sind schlau und sie wissen
um die Gefahr der Maschinen aus Metall

der Bussard ist ein Träumer und
sieht nur die Maus am Rande der Straße

schnell kommt der Tod
der große Vernichter

diese Weisheiten von Leben und Sterben
interessieren mich nicht mehr

denn es stirbt auf der Erde
zu viel Leben, unschuldiges

9.11.17

November-Tristesse

im November ist es verdammt öde
da beißt die Maus keinen Faden ab!

der Hase wusste auch nicht wohin,
als wir uns sahen, mitten auf der Straße

ich hätte fortfliegen sollen,
mit den Singvögeln und Milanen

aber in Italien töten sie Vögel
diese miesen fiesen Mörder!

die Steine liegen auf dem Hügel
seit mehr als 25 Jahren schon

jetzt kann ich fortgehen
die Zeit der großen Visionen ist

vorbei

12.11.17

Achtermann Apokalypse

einst vor Jahrzehnten erreichte man
den felsigen Gipfel des uralten Berges

inmitten dunkler Fichtenwälder
tiefes Grün und voller Kraft

heute siehst du tote Bäume
kahle graue Stämme des Todes

vom Orkan gefällte Fichten
alles chaotisch durcheinander

ein heilloses schmerzliches Wirrwarr
Wege frei gesägt für Wanderer

totes Holz schafft neues Leben,
neuen Wald, sicher, später, nach uns

heute siehst du das brutale Werk
der starken Winde des Westens

weiter unten, bei den Moosen,
den Fingerhüten des kommenden Jahres

dort versteckt am ewigen Murmelbach
harren sie aus, die Geister des Waldes

*

viele wollen die Wahrheiten nicht hören
auch nicht sehen und sie kennen nicht den Wald

man stört den Spaß wenn man spricht
vom Leiden der Erde, dem Sterben der Bäume

man könnte auch Ordnung schaffen im Chaos
biologische Ordnung, damit die Erneuerung

des Waldes besser gelingt
nicht alles kreuz und quer liegen lassen

wie soll da ein Hirsch durchkommen
oder sogar ein wendiger Luchs?

mühsam wäre es Ordnung zu schaffen
aber so könnte man Schuld abtragen

nur mit der Axt und der eigenen Kraft
um Demut zu lernen vor der hehren Natur

aber der digitalisierte MacherMensch
arrogant ist er und selbstgerecht

gefangen in seinem Zauberlehrlingswahn
trampelt er auf der Erde herum

still sind sie und bescheiden
die kleinen jungen Fichten

lange werden sie brauchen
um die heiligen Hallen des Waldes

neu zu schaffen

14.11.17

Der Steinriese

seit endlosen Zeiten der Erdgeschichte
steht im versteckten Wald

ein Steinriese mit vielen Gesichtern
du kannst dich fragen, ob es Odin ist,

oder der Elfenkönig Oberon,
oder der germanische Gott Freyr?

aber da germanische Mythologie
kein allgemein gelebter Weg des Geistes ist

kannst du dir auch deinen Namen suchen
ihn einfach Hüter nennen

Hüter des geheimnisvollen Waldes
oben auf dem Gipfel des Berges

es wird ihn nur der finden
der gerufen wird

Menschen denen der dunkle Bergwald
heilige Heimat ist der alten Erde

die mit den magischen Bäumen reden
und der Weisheit der Steine lauschen

und die mit den Elfen leben

17.11.17

Die Riesen

kraftvolle Wesen sind sie, die Riesen
hoch in den Bergen im Wald

sie hüten die hehren Gipfel
sie hüten das grüne Land

die alten, grauen Steinriesen sind hier
seit Millionen von Jahren

ihre Falten: Tausende von Jahren
vom Wetter gegerbte Gesichter,

die Baumriesen sind eher jung
leicht kann der Orkan sie fällen

aber sie hüten die murmelnden Bäche
die zarte Welt der Moose und Farne

wenn sie untergehen die Menschen
in ihrem wütenden Wahn gegen die Welt

in ihrem Blutrausch gegen die Hirsche
bleiben die Steinriesen doch

18.11.17

Volkstrauertag

früher war mir der Tag egal
heute muss ich denken an den Vater

dass er den russischen Winter 41 überlebte
ohne richtige Kleidung gegen die Kälte

die weißen Kreuze aus Birkenholz
verschwinden schnell

früher dachte ich: alles Mörder
heute sehe ich das Schicksal

der eine wird erschossen, der andere
geht weiter, lebt und stirbt irgendwann

dass ich selbst überhaupt da bin,
am Ende reiner Zufall

Geschichte ist wie ein Monster
auch heute gibt es sinnlose Tode ohne Ende

idiotische Kriege für Phantomideen und
multiresistente Keime in Krankenhäusern

seit Jahrtausenden leiden die Völker
so manches Volk ist untergegangen

wer die Geschichte kennt der
erkennt das böse Biest der Zerstörung

Otto Dix hat es gemalt aber
sein Tryptichon ist keine schöne Erlösung

und der „Erlöser"?
Wo ist sie denn, die Erlösung?

Wo leben Menschen still und bescheiden
mit sich, den anderen, der Natur?

Film über das Gemälde DER KRIEG von Otto Dix
https://www.youtube.com/watch?v=h_WlHBeB6-U

19.11.17

Wer denkt heute noch an
Wolfgang Borchert?

Seine Themen sind nicht unsere,
seine Zeit ist nicht unsere.

Siebzig Jahre ist es nun her,
alles vergangen und vergessen.

Dabei gibt es immer noch Krieg,
mit G, wie Grube,
und immer noch Gewalt,
auch mit G, wie Grab,
und das in allen Bereichen.

Und Scheiße gibt es auch noch,
mehr als genug, überall,
Scheiße ohne Ende!

Wer liest heute noch
Wolfgang Borchert?

Verraten sind wir,
furchtbar verraten.

Die vierte Strophe nimmt Bezug auf seine Geschichte: An diesem
Dienstag. Das Wort „Scheiße" wird bei Borchert oft verwendet. Am Ende:
Zitate aus „Draußen vor der Tür", Schluss. Borchert starb am 20.11.1947

früher hatte man den Tiger

und es ging nach Osten in den Kampf

man hatte ein Ziel und
einen starken Willen

heute fährt der Deutsche Tiguan
und die Reklame sagt: *in jedes Abenteuer*

wo ist denn das Abenteuer, bei Rewe?
oder fährt der Rentner zur Geliebten?

ich träume vom sibirischen Tiger
der ist noch er selbst

solange man ihn lässt
und wild und stark ist er

6.12.17

Das Kristkind

es kommt nicht aus Bethlehem
es heißt nicht Joshua

Jesus war ein wandernder Sanyasin
den sie ermordet hatten

die Anbeter des Geldes und Goldes
er störte ihre Ordnung der Gesetze

das Kind kommt aus Deutschland
hell wie der Berg-Kristall

die schöne und reine Tochter
von Wodan und Frigga

vom Berge kommt
das neue, helle Licht

aus dem Walde kommt
das stille, warme Leuchten

6.12.17

Treibjagd

ich war im Elm
die großen Douglasien besuchen
schauen, ob sie noch da sind
nicht gefällt von den Holzdieben
den Räubern des Waldes

Schüsse hörte ich
auf der anderen Seite des Tales
viele Schüsse immer wieder
sie müssen wieder spielen
ihr mörderisches Spiel
schießen wollen sie
Lebendiges tot schießen
Blut riechen
Blut lecken
Schnaps trinken
und laut johlen

würde auch gerne schießen
die Jäger und Treiber
man müsste sie alle
und ihre SUVs in die Luft jagen

sie lieben nicht den Wald
sie achten nicht das Tier
immer nur jagen und morden
immer nur etwas totschießen
ihr altes Killerprogamm

Mörder sind sie
Mordmenschen
miese Killer

6.12.17

Winterabend

Draußen ist es kalt und still,
der Tod schreitet durchs Weiße

und sucht sich neue Opfer,
du sitzt im warmen Raum

bei Stollen und Tee
und denkst an die Amsel:

Wo mag sie jetzt sein?
Oder das kleine Rotkehlchen?

Wo hat sich der Hase des Hügels versteckt?
Ob es schon der letzte ist, seiner Art?

Wo harren die Rehe in dunkler Nacht,
versteckt vor den Jägern?

Vielleicht schläft nur der Fuchs
unter der Erde in seinem Bau.

10.12.17

Heilige Mutter des Todes,

ich sehe dein helles Gesicht,

und dein dunkles, die andere Seite,
bist du hart oder sanft?

Schön oder hässlich,
lieb oder schrecklich?

Dein purpurnes Kleid
ist dein Jenseits-Gewand.

Heilt nicht die schöne Farbe die
trauernde Seele in einer Welt des Wahns?

Verlieren sich nicht die Schmerzen
in leuchtendem Purpur?

Heilige Mutter schenk' mir
den Frieden der anderen Welt!

Ich war immer zuhause im Traum,
nur dort ist die Wahrheit.

10.12.17

Sonnenwend-Fragen

ist da noch einer
der das Ereignis begeht?

draußen auf dem Berg
oder im dunklen Wald?

macht es noch Sinn
in einer Welt des Jagens

nach materiellen Gütern
und der großen *family show*?

was machen die Elche
oder die Heidewölfe heute?

was spüren sie? oder sind sie
nur froh über reiches Futter,

und wenn mal wieder
die Sonne scheint?

freies Pferd

nur ein freies Pferd
ist ein glückliches

wenn es laufen kann
wohin es will wie der Wind

und die Weide keine
Zäune hat mit stacheln

und kein Mensch kommt
mit brennender Peitsche

und die anderen da sind
die ganze freundliche Herde

nur ein freies Pferd
kann glücklich sein

aber was rede ich
von Pferden

10.1.18

Die Alpenschamanin

sie war in Peru und in Tibet
sie kann singen wie Yeshe Tsogyal

sie war in der Monogolei
und im Grasland der Indianer

aber ihre Seele ist zuhause
im wilden Alpental

dort ruft sie mit ihrer Flöte
die Geister der grünen Erde

und den kreisenden Adler
am Himmel

31.1.18

Medizinrad der grünen Steine

im Isartal der Schotterbänke
nördlich von Wallgau
Sinn solcher Räder ist immer
Harmonie in die Welt zu senden

schwierig, wenn alle streiten
und gierig durch die Welt jetten
Schwingung mit 174 Hz oder 432 Hz
aber man muss sich einfühlen

Natur und Naturschutz sind
kein Thema für die Politiker
die Bienen verschwinden
aber man glaubt ans Digitale

Ordnung und Harmonie
sind einfach und elementar
das Rad ist schon lange
wieder fortgeschwemmt

nach jedem Winter
gestaltet sich die Isar neu
magische Stätten auf Zeit
kann man immer neu errichten

aber ein leeres unberührtes Tal
bleibt ein heiliger Raum
wie sehr fehlen uns heute
Leere und Stille der Landschaft

8.2.18

Widerstand heute

Widerstand ist immer notwendig
in jedem System das diktatorisch ist

das meint es sei alternativlos
obgleich es viele Alternativen gibt

Widerstand gegen eine immer noch
agierende Kriegspolitik die ihre

Geschäfte mit dem Tod macht
Widerstand gegen eine Industrie

die Menschen und die Erde ausbeutet
die es vorzieht alles zu vergiften

aber nicht auf Gewinne verzichten will
die sich den Profit als Gott erkoren hat

Widerstand gegen die Scheinheiligkeit
in Parteien, Parlamenten und Kirchen

Widerstand ist immer notwendig
solange die Gier und der Hass herrschen

die Rücksichtslosigkeit und Unersättlichkeit
und böse Gewalt auf allen Ebenen

wer nur zuschaut und den Mund hält
ist ein Teil des Problems

oder wer nur analysieren will
und zynische Anmerkungen macht

Widerstand ist immer notwendig
wenn falsche Wege normal sein sollen

wenn der Wahnsinn zum Normalfall
deklariert wird von den Herrschenden

Widerstand vertritt immer Ideale
einer besseren, humanen Welt

22.2.2018
aus Anlass des Todestages von
Hans und Sophie Scholl

our time is over

we've survived many sorrows
we're still here

but our time is already over
actually: we're gone

we've appeared on earth
to save, to change something

but nothing has changed
the evil masters rule the world

we had a dream
but after 50 years it's over

26.2.18

Erinnerung an den Geist der Hippies und an meine Generation
und ihre historische Aufgabe.

ein Adler zieht

seine Kreise im Gebirge

was vom Baum
noch da ist, ein Stumpf

er schaut noch
er winkt noch

seine Zeit ist
lange vorbei

aber die Elfen
sie hüten den Wald

auf dem Bergkamm
aus uralten Zeiten

27.2.18

vergebliche Versuche

ER wollte die große Umkehr
aber sie schlugen ihn ans Kreuz

Hölderlin wollte die Götter der Griechen
zurückholen ins Leben – und verlor den Geist

Nietzsche beschwor den starken Menschen
aber sein Leben endete im Wahnsinn

Albert Schweitzer kämpfte gegen Atomwaffen
heute kennt ihn kaum einer mehr

Martin Luther King hatte einen Traum
man schoss ihn einfach tot

ER wollte spirituelle Selbstbestimmung
aber sie glauben lieber an alte Gesetze

man könnte schreiben und schreiben
so viele Versuche so vergeblich

es liegt wohl an der Welt des Bösen
am Dunklen welches das Sein bestimmt

das will sie nicht
eine gute Welt eine heile und schöne

1.3.18

Gedanken zur Herkunft

das Christentum kommt nicht aus Oberammergau
sondern aus Galiläa und Antiochia

der Islam kommt nicht aus München
sondern aus Mekka und Medina

Herkunft ist wichtig
sie prägt das Wesen den Charakter

das erste Entstehen und Wachsen
formt die weitere Entwicklung

der Schamanismus der Heide
ist von der sandigen Landschaft geprägt

wie das Heidekraut, der grüne Wachholder
oder die duftenden Kiefernwälder

wie die Steine der Eiszeit
oder der kreisende Bussard

meine Urahnen aus der Zeit
vor dreitausend Jahren und mehr

sie haben die großen Gräber geschaffen
dort wohnen die alten Geister unseres Landes

22.3.18

Zerrissenes Land

der Islam gehört nicht
zu Deutschland sagt er
der Islam gehört
zu Deutschland sagt sie

wir haben eine christlich-jüdische
Tradition und wir wollen
dass das auch so bleibt sagt er

wir haben eine bunte Republik
und wollen dass das auch so bleibt
sagen hingegen andere

wir haben eine deutsche Tradition
und wir wollen sie bewahren
sagen wieder andere

aber sie reden alle nicht wirklich miteinander
sie können es nicht mehr
denn jeder hasst die Meinung des anderen

und keiner weiß so recht
was aus dem Land mal werden soll
was man sein will und
was man gestalten möchte

25.3.18

Das große Verbrechen

Verbrechen bleibt was es ist
ein Verbrechen und nennen muss man
sie, die Mörder

ein Kreuz bleibt ein Folterinstrument
das langsam töten soll
es bringt kein Leben

wer es umdeuten will
geht einen falschen Weg
kein Gott will einen Mord

sie reden es sich sinnvoll
sie denken es sei der Wille gewesen
dabei war es nur der Hass

wer wirklich tot ist bleibt es
erscheint als Geist oder Traum
aber der Körper bleibt tot

warum feiern sie das
große Verbrechen von damals?
warum schulen sie nicht
ihren Geist, ihr Herz?

sie verbinden sich mit den Mördern
die sie nicht nennen
sie meinen es sei so gewollt
von Anfang an

das Verbrechen hat niemanden erlöst
und keine heile Welt gebracht
Gewalt hat keinen tiefen Sinn

nur der Weg des Herzens

28.3.18

Ostern

Ostern ist das Fest von Ostara
es hat nichts mit dem Märtyrer zu tun

es ist das Fest der
erwachenden Natur

schau dir die Knospen der Pflanzen an
wie sie sich entfalten wollen!

höre den Singvögeln zu
achte auf ihren Gesang!

schau den Hasen zu
wenn sie übers Feld rennen!

Ostara die Göttin
der neuen, frischen Natur

sie liebt das Leben
die Entfaltung der grünen Kraft

29.3.18

Verschwinde von der Erde, du Mensch

wer den Klimawandel nicht richtig
und wirksam bekämpft, kann untergehen

wer die Unterdrückung und Ausbeutung
nicht endlich abschafft, kann untergehen

wer die Sklaverei nicht endlich
völlig beseitigt, soll untergehen

wer mit der Natur nicht liebevoll und
behutsam umgeht, soll aussterben

verschwinde von der Erde, du kranker Mensch
du gieriges Wesen des Bösen

sagen die Tiere und Bäume
die Meere und die Wolken

31.5.18

1000 Bilder

man könnte ja
1000 Bilder malen

die Wellen -
immer wieder anders
der Blick -
immer wieder anders

wie weit ist es bis zum
grauen Schiff am Horizont?

wie weit bis zur Möwe?

stehe ich am Meer oder
hocke ich mich hin

und wie nah sind
mir die wilden Wellen?

6.6.18

Das wilde Meer

das Meer bleibt wild für immer
trotz des Atommülls und der Bomben

der versunkenen Kriegsschiffe
und des vielen Plastiks

der Mensch produziert nichts
wie schon die Indianer sagten

nur Leid und Müll ohne Ende
er schafft keine Haie und Wale

keine Möwen die bei jedem
Wind fliegen über die Wellen

der Mensch ist kein Gott
auch wenn sich mancher dafür hält

was immer der Mensch tut
das Meer bleibt wild

10.6.18

Stimmen des Waldes

wir wollen keinen Gott aus der Wüste
raunen dir zu die Bäume im Winde

wir lieben die alten Germanengötter
Odins Felsen und Friggas heilige Plätze

Hels geheimnisvoller Felsen
im dunkel-braunen Fichtenwald

und Lokis magisch-blaue Höhlen
versteckt und verborgen

was haben wir zu schaffen
mit dem Fremden aus fernen Ländern?

die rauschenden Bäume der Wälder
die wilden Bäche des Harzes

sind sich selbst genug
schön und stark und erhaben

die Stimmen der Vögel des Waldes
die Stimmen der murmelnden Bäche

hier findest du das Eigene
und nur das ist das Wahre

10.7.18

Wodan

ausgetrocknet ist das gelbe Land
Staubwolken der Mähdrescher
der Schrei des Bussards in den Kiefern
der Hügel ist eine trockene Steppe

Wasser – das Land dürstet nach Wasser
du rufst den Regen, den Westwind
die Sonne verbrennt wie ein Feuer
es flimmert vor den Augen dir

die Kraft des eigenen Landes
der eigenen Erde, des Blutes, der Heimat
du rufst die Kraft des Nordens
die alten, wilden Götter der Freiheit!

eine Krähe fliegt über das Wäldchen
ein Milan kreist am blauen Himmel
ein Reh huscht durchs Steppengras
der Bläuling taumelt über die Blüten

das Eigene ist hier überall
du musst es gar nicht suchen
nur dem schmalen Fuchspfad folgen
die grüne Kraft der Erde spüren

sie ernten den Weizen jetzt
viel weniger Tonnen als sonst
Roggen und Weizen und Gerste
kein Raum für Fremdes hier

Wodan, du Meister der Ströme
schick Wolken mit Regen!
die Wälder sind wie trockenes Stroh
die Bäche der Berge stumm und steinig!

Wodan, du Meister der Winde
schick Kühlung zum Heilen
der leidenden Erde und
der brennenden Seele!

Wodan, du Meister der Zeichen
zeigt uns die Runen, die alten,
und ganz neue auch
für kommende Stürme der Zeiten!

16.7.18

TYR

wir dachten doch die Zeit des Kampfes
wäre nun endlich einmal vorbei
aber nun müssen wir wieder
kämpfen für unser freies Land

seit die Menschen ihre Staaten schufen
wird ohne Pause gekämpft
mal mit Schwertern und Lanzen
mal nur mit Worten und Urteilen

den endgültigen Sieg
den wird es wohl geben niemals
die ewige Stille ist nur jenseits
Dasein scheint Kampf für immer

Teiwaz – ein Gott des klaren Himmels
ein Gott der nordischen Stille
aber wir müssen es denken neu
und eigene Deutungen finden

ein klarer Himmel ist wie ein
ruhiger Geist des Wissens
gültig bleibt das für immer:
das Heil in kühler Reinheit!

wenn du den Stab hältst in fester Hand
bist verbunden du mit der Erde
der uralten Mutter der Steine

und dem Himmel der wissenden Raben

TYR ist die Achse der Welt
die in die Höhe weist hinauf
zum Himmel, dem hell leuchtenden
und dem Kosmos auch, dem blauen

du hast eine Achse des Lichts
in der Hand, bist angebunden
an die Kraft der Germanen
an deine Ahnen des Nordens

17.7.18
Tyr = Teiwaz

Freya

Frigga und Freya
sind es zwei getrennte Göttinnen?
die alten Texten, sie geben uns
keine klaren Antworten

die Frau als Meisterin weiblicher Weisheit
die Frau als Schönheit und Erotik
wir können es als Einheit denken
oder als getrennt und zwei

eine Göttin der Liebe
weckt die zarten Gefühle
schafft Neues wie der Frühling
lässt blühen das bunte Leben

die fürsorgliche Mutter der Erde
bewahrt das Feuer, das heilige Haus
aber die Muse des hellen Herzens
zeigt uns neue Wege zur Wonne

Freya eine Muse der wilden Natur
der schleichenden Katzen und der schnellen Falken
Frigga als Heilige Mutter des großen Kreises
sie ist die ganze, vielfältige Natur

18.7.18

Der Gott des Regens

wenn alles vertrocknet
wenn Bäume und Tiere
Durst leiden und sich sehnen
nach frischem Wasser

dann braucht man ihn
den Gott des Regens
aber wir haben keinen
und auch keinen Namen

hilflos schauen wir auf
die endlose Steppe des
gelben Urstromtals und
folgen dem Bussardflug

ein blauer und heißer
Himmel kann brutal sein
wenn man in der Hitze geht
und nichts trinken kann

erzähl den Leuten nichts
von der Katastrophe des
Wetters denn sie wollen nicht
wahr haben ernst nehmen

sie machen lieber ihre
albernen Witze und wollen
nicht erkennen die böse

Trockenheit, die tötet

Wälder brennen in Schweden
hoch im Norden in der
roten Hitze des Wahns
Tod der Tiere im Feuer

aber wir müssen ja lustig sein
immer schön lustig sein
Witze erzählen und über
die verrückte Welt lachen

wie ruft man einen
Gott des Regens
ohne Namen und ohne
passende Wörter?

*

Runareg, du Gott des Regens
schick uns das Wasser
sanft soll es fallen, und lange,
über das leidende Land!

Runareg, du Gott des Regens,
heile die Feuerwunden der
Erde, der brennenden, und
tränke den dürstenden Boden!

19.7.18

Der alte Pflaumenbaum

seit vielen Jahren
steht er im geschützten Tal
nun tötet ihn die Hitze
erbarmungslos

viele Früchte hat er
noch ein letztes Mal
gebildet aber die alten
Äste sind zu schwer

und in der Trockenheit
brechen sie mürbe ab
und du fragst den
Nachbarn was tun

den würde ich fortnehmen
das bringt nichts mehr
ein paar zu schwere Äste
schneidest du ab

nur oben kommst du
nicht an und eine Leiter
hat keinen Halt am Hang
so musst du schauen

und warten was die
Dürre noch fordert

19.7.18

auf wen wollen sie hören?

auf die uralten Götter
der Erde wollten sie nicht hören

auf den allmächtigen Gott der Könige
wollten sie nicht hören

nun ist die Welt ein wüstes Gegeneinander
eine heillose Spirale der Gier nach Gewinn

die Wälder sie brennen und Meere sterben
auf wen wollen sie hören?

auf die Wissenschaftler?
man kann alles so oder so sehen
und jeder hat ja seine eigenen Interessen

auf die alten klugen Männer?
sie haben ihre Erfahrungen aber doch
keine Ahnung von big business

auf die Weisen?
gibt es noch welche? oder sind sie
wie Unzeitgemäße ausgestorben?

Idioten hören auf ihre Dämonen
das Schauspiel läuft jeden Tag
in allen Medien

20.7.18

Zwei Hasen

Federn suchen wollte ich
unter den Birken am Feld

aber dort saßen zwei Hasen
so schlich ich mich fort

wie im Winter so brauchen
sie Ruhe, Stille und Schatten

die Felder verbrennen
das Gras ist gelb und trocken

wo finden sie noch
frisches Grün im Hitzewahn

stell dir vor du müsstest
danach suchen in dieser Wüste

wo trinken die Hasen
in dieser Zeit?

die Menschen spielen herum
Gefangene ihrer Dämonen

die Hasen müssen durchhalten
bis zum erlösenden Regen

21.7.18

der rote Mond

da schauen sie mal zum Mond
den sie sonst eher vergessen

aber was sagen sie ihnen,
der blutrote Mond und der Mars?

die Erde sie brennt
die Wälder sie brennen

der sanfte Mond könnte
Heilung bewirken

aber sie lieben ihre Gier
ihre rote Sucht nach mehr und mehr

so bleibt es nur eine Sensation
für eine sensationsgeile Gesellschaft

das Licht des Mondes
in stiller Nacht um vier Uhr

kann mehr uns sagen
aber da schlafen schon alle

28.7.18

Frigga

webend das Leben der Wesen
webend die Wege der Menschen

sie trägt kein Kopftuch und muss
nicht warten auf einen Herrn

frei ist sie und lang wächst
ihr geflochtenes Haar

frei kann alles wachsen
in nordischen Ländern

besser gar keine Götter als
die falschen Götter der Despoten

sie hütet das Kind und die Tiere
sie hütet das heilige Feuer

der Heimat

29.7.18

Das Leid von Mutter Erde

sie hat kein Gesicht wie ein Mensch
sie hat und braucht keinen Namen

wenn du gehst über das dürre Land
im Licht der brennenden Sonne

wenn du stehst im stillen Schatten
der Birken am gelben Feldrand

wenn du den schnellen Hasen siehst
oder das ruhende Reh unter Büschen

die blau blühenden Wegwarten
die Disteln und Kletten trotzend der Hitze

alles muss warten und warten
auf dem Umschwung des Wetters

auf neuen belebenden Regen
denn ohne fließendes Wasser

bleibt alles nur harter Boden
ohne Leben ohne Blut

30.7.18

Der Traum vom kühlen Bergsee

früher sprach man von Hundstagen
heute müsste man sagen: Hundswochen

die Erde ist erhitzt wie im Fieber
die Krankheit des Klimas ist tödlich

ich träume vom kühlen Blau
vom reinen kalten Wasser des Bergsees

uns fehlt der klare Blick und Geist
die Stille des ruhenden Wassers

das sechste Massensterben
hat auf der Erde längst begonnen

auch wir kommen dran
jeder kommt an die Reihe

das kühle reine Blau
erinnert an den Medizinbuddha

aber es lohnt nicht Besessenen
von Ritualen zu erzählen

so bleibt der blaue Traum
vom klaren See in den Bergen

31.7.18

im verborgenen Wald

auf der Suche nach fließendem
Wasser von den Bergen

in diesen Zeiten der Feuerhitze
und vertrockneten Gewässer

führt dich der alte Pfad
der längst aufgegeben wurde

hinauf durch den Wald
neben einem Bach der noch

eine murmelnde Stimme hat
zu einem Hain der sieben Buchen

welche die Wahrheit hüten:
von Stille und Wasser und Kraft

2.8.18

Loki als ein neuer Gott

die alten Geschichten sind
nicht mehr unsere
die Zeiten sind vergangen
so müssen wir Neues wagen jetzt

neue Wege der Deutungen
suchen für uns und kommende Jahre
Wandlungen des Seins spüren
und immer neue Weisheit finden

die Kraft der natürlichen
Intelligenz entdecken und leben
als neue Quelle für frei gestaltete
Formen des Daseins

jenseits von alten Zwängen und
festgefahrenen Strukturen
und all das erforschen
wie Wölfe ein neues Gebiet

zu neuen Wölfen des Himmels
und Flüssen der Erde werden
das wütende Feuer eindämmen
und die Kühle des Nordens leben

4.8.18
Loki – germanischer Gott des Feuers

Frau Holle

sie ist die weise die liebliche
Göttin der ganzen Natur

sie hütet den dunklen Teich
und die grünen Fichten der Höhe

suche sie nicht in alten Märchen
sie ist keine Frau für Kinder nur

die ganze wilde schöne Natur
in allen zarten Wesen findest du sie

die Holzfigur am Oderteich
zeigt dir den Libellentraum

grüne Göttin der Erde
blaue Göttin des Himmels

such dir ihren Ort der Kraft
such dir ihren stillen Teich

lass dein Denken deine Wörter
öffne einfach nur dein Herz

9.8.18

wer kann uns noch retten?

es ist alles außer Rand und Band
es ist alles Chaos und Irrsinn

all die klugen Rezepte, Ideen
nichts hat uns helfen können

wir trudeln und stürzen
in brennenden Abgrund des Endes

die Hölle ist keine Metapher mehr
jeden Tag siehst du sie in Bildern

brennende Wälder sterbende Fische
leidende Kinder in Kriegen

wer hält sie auf die Apokalypse?
welcher Gott kann schaffen neu

Harmonie und Einklang
das schöne Gleichgewicht?

10.8.18

Baldur

Gott der Reinheit, der Tugend
Gott des klaren Lichts

ein böser Frevel der Menschen ist's
zu töten einen lieblichen Gott

Ausgleich kann immer nur sein
anders zu handeln noch heut

den vergessenen Gott der Sonne
neu zu verehren

nur tiefe Reue führt zur Umkehr
wie Er doch schon sagte

Wahrheit und Reinheit
stille Sanftmut leben jeden Tag

so kommt denn zurück
die Eintracht der Herzen

10.8.18

Wolf E. Matzker, geb. 1951. Natur-Mystiker, Dichter und Künstler. Er hat sich schon immer für eine Synthese und Weiterentwicklung der spirituellen Systeme eingesetzt. Dabei sind ihm die Würdigung der menschlichen Seele, die multidimensionale Entfaltung des Bewusstseins und vor allem die Wertschätzung der wilden Natur immer wichtig gewesen.

Wangerooge – Seeleninsel, naturmystische Gedichte, 2010.
Schamanismus als moderne Naturreligion – Grundlagen und Wege eines spirituellen Schamanismus, 2010
Traumzeitpfade, schamanische Seelenfindung auf magischen Wegen,2013
Wilder Brocken, Deutschlands heiliger Berg der Dichter, Maler und Naturverehrer, 2013

Das Trauma des Krieges – die Verletzungen der Seele durch Kriege gegen Menschen und Natur, ein Antikrieges-Roman, 2014

Der Wolf – Krafttier der Seele. Über den Wolf im feinfühligen

Schamanismus, 2014
Adler im Schamanismus. Adler, Rabe und andere Vögel im schamanischen, naturmystischen Weltbild, 2015

Der heilige Wald. Magie, Schönheit und Spiritualität des Waldes, 2016
Heimat und Spiritualität: über Natur, Heimat und einen lokalen Schamanismus, 2017
Naturverehrung, die heilige Natur bei Goethe und anderen deutschen Dichtern, 2017
Heilige Berge: Magie, Schönheit und Spiritualität der Berge und Felsen, 2017
Die Elbe, die spirituelle Geschichte eines Flusses, privater Druck 2017

Megalith und Schamanismus, Großsteingräber in Norddeutschland und naturverbundene Spiritualität, 2018

Weitere Informationen unter: www.visionhill.de

Odil
Heimat, Erfüllung, Gral